Entre dos Mundos

Elisabet Juan
Paula Almela

Título original: Entre dos mundos
Autora: Elisabet Juan
Diseño e ilustración: Paula Almela
Publicado por Editorial Gusanillo 2026
Redes sociales de la editorial: @editorialgusanillo
Redes sociales de la autora: @elisabetjuan_escritora
Redes sociales de la ilustradora: @paulalmela
Página web de la editorial: www.editorialgusanillo.es
Impreso y encuadernado en España
Código de Depósito Legal: V-5346-2025
ISBN: 979-13-87530-79-2

Entre el cielo y la tierra,
mi alma brilla con tu luz
y susurra: *te amo.*

Alma tenía cinco años y una risa que llenaba la casa. Le gustaba colorear, subirse al columpio, jugar a las cartas y saltar charcos.

A veces, cuando terminaba un dibujo lleno de colores, miraba hacia el cielo y decía muy bajito:
—Este es para ti, hermanito.

Su hermano había estado con ella muy poquito tiempo, cuando era un bebé muy, muy, muy pequeño.

Alma no recordaba bien su voz, pero sí su olor y la paz que sentía cuando lo miraba dormir mientras lo cogía en brazos.

Un día, mamá le explicó que su hermano ahora vivía "en todas partes".

Al principio, Alma no entendió: ¿qué era eso de vivir en todas partes?

Hasta que una tarde de viento, mientras jugaba en el jardín, una mariposa blanca se posó en su mano. —Hola, hermanito —susurró Alma—. ¿Has venido a jugar?

La mariposa voló alrededor de ella y luego se perdió entre las flores. Desde entonces, Alma empezó a ver a su hermano en todo lo que la hacía sonreír.

Cuando caía la lluvia, pensaba que él le hacía cosquillas en las mejillas.

Cuando soplaba el viento, creía escuchar su risa entre las hojas.

Y por la noche, cuando el cielo se llenaba de estrellas, buscaba la más brillante y le contaba su día.

—Hoy pinté un arcoíris enorme, gané a las cartas
y el columpio volaba muy alto...
¿Te reíste conmigo?

A veces, mamá se ponía triste. Alma la cogía de la mano y decía:
—No llores, mamá. Él está aquí, jugando con nosotros.

Solo que ahora
es viento, flor...
y estrella.
Mamá sonreía y juntas, miraban al cielo.

Otras veces, era papá quien se quedaba callado, mirando al jardín. Alma se acercaba, se sentaba en su regazo y apoyaba la cabeza en su pecho.

—Papá, el viento está soplando fuerte. Seguro
que mi hermano quiere que salgamos a jugar.

Papá la miraba y sonreía. Juntos corrían por el césped, dejando que el aire les despeinara el pelo.

—¿Lo sientes, papá? —decía Alma riendo— Es él jugando con nosotros.

Esa noche, mientras miraba las estrellas, Alma imaginó un hilo invisible que salía de su corazón y subía, suave, hasta el cielo.

Un hilo tan fino como la brisa y tan fuerte como
el amor.

—Así nunca estaremos lejos —susurró.

Entonces recordó algo que mamá le había dicho:
que había dos mundos y que, en los dos, estábamos
todos juntos.

Aunque su hermano viviera en un mundo diferente, siempre podrían encontrarse a través del amor, los recuerdos y los pequeños detalles de cada día.

Esa noche, el jardín se llenó de una luz distinta, como
si las estrellas hubieran bajado. Alma cerró los ojos y
escuchó una música muy bajita, la misma que sonaba
cuando mamá la acunaba de bebé.

Se levantó, descalza, y empezó a bailar entre las flores.

El viento movía su vestido y en cada giro, sentía que su hermano rodaba con ella.

—Te amo, hermanito —susurró mientras seguía bailando bajo la luz de la luna—. Siempre te amaré.

Y desde entonces, cada
vez que el viento movía
su pelo, Alma sabía que
su hermano estaba al
otro lado de ese hilo
invisible...

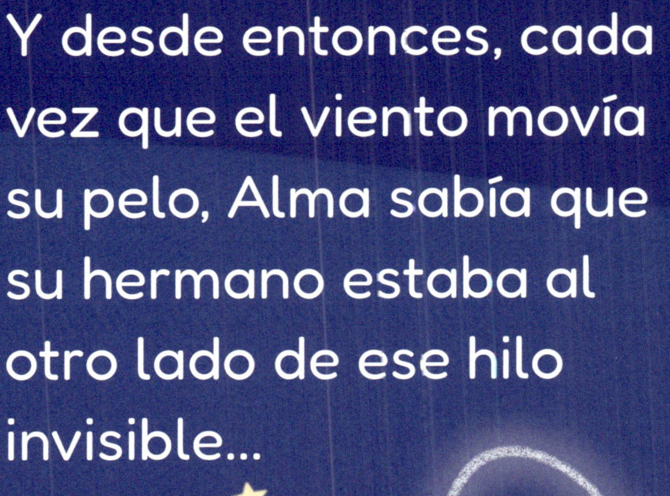

Tirando de él con
cariño, recordándole
que, aunque existieran
dos mundos, en el corazón
estaban todos juntos.